Disautonomía Explicada

De los Síntomas al Tratamiento

(Cosas Que Debes Saber)

Isabella White

Copyright © 2024 por Isabella White.

Descargo de responsabilidad: *La información proporcionada en este libro no ha sido evaluada por la FDA y no pretende diagnosticar, tratar, curar o prevenir ninguna enfermedad o condición de salud. El contenido es sólo para fines informativos y educativos. No pretende sustituir el consejo médico de su médico u otro profesional médico. Consulte a un proveedor de salud calificado si tiene algún problema de salud. El autor y el editor renuncian a cualquier responsabilidad por los efectos adversos derivados de la aplicación de la información proporcionada en este documento.*

Acerca del Libro

Disautonomía Explicada proporciona una guía completa para manejar las complejidades de la disautonomía, que cubre síntomas y estrategias de manejo efectivas.

El libro comienza presentando la disautonomía y explicando su definición y sus diferentes tipos. Analiza los síntomas de esta afección en detalle, proporcionando descripciones y estudios de casos para una mejor comprensión. Además, el libro explora las causas y los factores de riesgo de la disautonomía, revelando desencadenantes y factores genéticos conocidos.

Una parte importante del libro está dedicada al diagnóstico de la disautonomía, detallando los criterios, pruebas y procedimientos utilizados y cómo interpretar los resultados. El libro también ofrece una descripción realista de cómo es vivir con disautonomía, e incluye historias personales y consejos sobre cómo afrontar la vida social y profesional.

El libro **Disautonomía Explicada: De los Síntomas al Tratamiento** proporciona orientación útil sobre el manejo y tratamiento de la afección. Cubre tratamientos actuales, modificaciones del estilo de vida y estrategias de afrontamiento, y ofrece consejos prácticos para los pacientes y sus familias. El libro concluye con una mirada al futuro de la disautonomía, analizando las investigaciones en curso, posibles tratamientos futuros y brindando recursos y apoyo a los afectados por la afección.

El libro de Isabella White es una lectura obligada para cualquier persona afectada por disautonomía. Su experiencia y su enfoque compasivo ofrecen conocimientos invaluables para los pacientes y profesionales de la salud que buscan comprender y tratar mejor esta afección. No pierda la oportunidad de comprender y gestionar mejor la disautonomía con esta hoja de ruta.

Sobre el Autor

Isabella White aporta su profunda experiencia y compasión para iluminar los desafíos de salud a través de sus escritos. Como practicante de medicina integrativa, combina el conocimiento médico convencional con enfoques holísticos basados en evidencia.

La Dra. White recibió su título de médico y una maestría en medicina tradicional china de la Universidad de Washington. Tiene más de 15 años de experiencia clínica, capacitando a los pacientes para optimizar su salud y bienestar.

Como escritor experimentado sobre salud, el Dr. White es conocido por sintetizar conceptos médicos complejos en un lenguaje accesible y atractivo. Ha publicado artículos sobre técnicas integrativas en revistas y libros médicos.

Con más de una década inmersa en la investigación y la educación, el Dr. White ofrece a los lectores conocimientos científicamente rigurosos pero humanistas. Su experiencia clínica y su aprecio por las perspectivas de los pacientes hacen que sus escritos resuenen en diversas audiencias.

El Dr. White tiene como objetivo equipar a los lectores con las herramientas necesarias para garantizar una atención y resultados óptimos al explicar temas de salud con sabiduría, empatía y sensibilidad. Aporta claridad, tranquilidad y esperanza basadas en la ciencia y la compasión.

Contenido

INTRODUCCIÓN

La disautonomía, un término que puede que a muchos no les resulte familiar, es una afección compleja que afecta al sistema nervioso autónomo (SNA). El SNA gestiona las funciones involuntarias del cuerpo, como la frecuencia cardíaca, la presión arterial, la digestión y la regulación de la temperatura. Cuando se produce disautonomía, estos procesos automáticos pueden volverse erráticos e impredecibles, lo que genera muchos síntomas que pueden afectar significativamente la calidad de vida.

Imagínese despertarse cada día sin saber cómo responderá su cuerpo a las tareas más simples. Para las personas con disautonomía, esta es una realidad diaria. La afección puede manifestarse de diversas formas, desde leves hasta graves, y no discrimina.

Afecta a más de 70 millones de personas en todo el mundo. Puede estar presente desde el nacimiento o desarrollarse en cualquier etapa de la vida, a menudo entre los 50 y los 60 años.

Los síntomas de la disautonomía son tan diversos como las funciones corporales que altera. Los pacientes pueden experimentar problemas de equilibrio, desmayos, especialmente al estar de pie, náuseas, "confusión mental", frecuencia cardíaca rápida o lenta, tamaño anormal de las pupilas, cambios gastrointestinales, fatiga, disfunción sexual, malestar en el pecho, problemas urinarios, dificultad para respirar y sueño. disturbios. Estos síntomas pueden ser transitorios o persistentes, leves o debilitantes, lo que dificulta el diagnóstico y el tratamiento para los pacientes y los proveedores de atención médica.

A medida que exploramos las complejidades de la disautonomía, es fundamental recordar que no es un trastorno único para todos. La experiencia de cada persona es única, y también debe serlo el enfoque de gestión y atención. Este libro pretende arrojar luz sobre los rincones oscuros de la disautonomía, ofreciendo información sobre sus síntomas, sus posibles causas y las últimas investigaciones sobre estrategias de tratamiento eficaces.

Propósito del libro

Al embarcarnos en un viaje a través de las páginas de **"Disautonomía Explicada: De los Síntomas al Tratamiento"**, nuestro objetivo es iluminar el camino para quienes luchan contra esta elusiva condición. Este libro no es simplemente una colección de datos médicos; es un faro de comprensión para los pacientes que a menudo se sienten a la deriva en el vasto mar de sus síntomas, para los médicos que buscan brindar una mejor atención y para los cuidadores que se esfuerzan por lograr empatía y apoyo.

La disautonomía es un camaleón de trastornos, cuyos síntomas reflejan y se disfrazan de otros trastornos, lo que a menudo conduce a diagnósticos erróneos o retrasos en el tratamiento. Este libro tiene como objetivo acortar el camino hacia un diagnóstico preciso y un tratamiento eficaz proporcionando a los lectores las últimas investigaciones, historias personales y estrategias prácticas.

Reconocer el profundo impacto que tiene la disautonomía en la vida diaria, afectando no solo la salud física sino también el bienestar emocional y social. Por lo tanto, nuestro contenido está diseñado para tocar el corazón tanto como informa la mente. Profundizamos en el lado humano de la disautonomía, compartiendo experiencias de la vida real que validan las luchas y triunfos de los afectados.

Disautonomía Explicada es un compañero en el camino menos transitado, que ofrece orientación, esperanza y una comprensión más profunda de las complejidades del sistema nervioso autónomo. A medida que pasamos cada página, nos acercamos a un mundo donde la disautonomía no es un diagnóstico oscuro sino una realidad manejable.

Cada capítulo está diseñado para brindar claridad y comodidad, garantizando que nadie recorra este camino solo. Bienvenido a un libro que explica, empatiza, educa y eleva la conversación sobre la disautonomía. Bienvenido a un nuevo capítulo de la atención sanitaria, donde la comprensión conduce al empoderamiento y la gestión allana el camino para un futuro mejor.

Al embarcarnos juntos en este viaje, recuerde que el conocimiento es poder. Al comprender la disautonomía, podemos comenzar a desmitificar la afección, fomentar la empatía y brindar esperanza a los afectados.

Capítulo 1

¿QUÉ ES LA DISAUTONOMÍA?

Definición y Descripción General

Disautonomía es un término general que describe una variedad de afecciones que afectan el sistema nervioso autónomo (SNA). El SNA es responsable de controlar las funciones involuntarias del cuerpo, como la frecuencia cardíaca, la presión arterial, la digestión y la regulación de la temperatura. Cuando el SNA no funciona correctamente, estos procesos automáticos se interrumpen, provocando una variedad de síntomas que pueden fluctuar en intensidad y duración.

El ANS opera en gran medida por debajo del nivel de nuestra conciencia, gestionando silenciosa y eficientemente la infinidad de tareas que mantienen nuestros cuerpos en equilibrio. Es una red compleja que une la mente y el cuerpo, asegurando que se mantenga la armonía interna independientemente de las circunstancias externas. Sin embargo, cuando aparece la disautonomía, esta armonía se altera y las operaciones del cuerpo, que alguna vez fueron fluidas, se convierten en una cacofonía de reacciones impredecibles.

La disautonomía puede ser congénita, es decir, presente desde el nacimiento, o adquirida más adelante en la vida, y los síntomas suelen aparecer entre los 50 y los 60 años. No es rara; Afecta a más de 70 millones de personas en todo el mundo y abarca todos los grupos demográficos. A pesar de su prevalencia, la disautonomía sigue siendo una afección difícil de diagnosticar y tratar debido a su amplia gama de síntomas y su capacidad para imitar otros trastornos.

Los síntomas de la disautonomía son diversos y pueden incluir problemas de equilibrio, desmayos, náuseas, "confusión mental", frecuencia cardíaca rápida o lenta, tamaño anormal de las pupilas, cambios gastrointestinales, fatiga, disfunción sexual, malestar en el pecho, problemas urinarios, dificultad para respirar y trastornos del sueño. Estos síntomas pueden ser transitorios o persistentes, leves o debilitantes, lo que dificulta el diagnóstico y el tratamiento para los pacientes y los proveedores de atención médica.

Comprender la disautonomía no se trata sólo de reconocer los síntomas; se trata de comprender su impacto en la vida de un individuo. Se trata de empatizar con las luchas diarias y la imprevisibilidad que conlleva esta afección. Este libro tiene como objetivo proporcionar una descripción general completa de la disautonomía, ofreciendo información sobre su definición, los distintos tipos y las últimas investigaciones sobre estrategias de manejo efectivas.

Tipos de Disautonomía

La disautonomía es una condición compleja con diversas manifestaciones, cada una con sus desafíos y síntomas. Comprender los tipos de disautonomía es crucial para un diagnóstico y tratamiento adecuados. Aquí, exploraremos las formas comunes de disautonomía, brindando una idea de la diversidad de este trastorno.

- **Hipotensión ortostática (OH):** Este tipo de disautonomía se caracteriza por presión arterial baja al estar de pie, lo que provoca síntomas como mareos, aturdimiento y desmayos. Es un problema común, especialmente en adultos mayores o en aquellos que están en reposo prolongado en cama.

- **Síndrome de taquicardia postural ortostática (POTS):** POTS provoca un aumento de la frecuencia cardíaca e intolerancia ortostática, síntomas que se producen al levantarse de una posición reclinada. Esto puede provocar aturdimiento o desmayo. Se estima que afecta al menos a 500.000 personas sólo en Estados Unidos.

- **Síncope vasovagal (VVS):** El VVS implica episodios de desmayos en respuesta a ciertos desencadenantes, como el estrés o el miedo. Es una forma relativamente común de disautonomía, con una incidencia estimada a lo largo de la vida del 35%.

- **Disautonomía Familiar (DF):** La DF es un trastorno genético presente desde el nacimiento que afecta funciones corporales como la respiración, la presión arterial y la regulación de la temperatura. Es una condición poco común pero puede tener implicaciones graves si no se maneja adecuadamente.

- **Atrofia multisistémica (MSA):** MSA es una enfermedad neurodegenerativa que afecta múltiples sistemas del cuerpo, incluido el SNA. Puede provocar síntomas similares a los de la enfermedad de Parkinson, junto con disfunción autonómica.

- **Taquicardia sinusal inapropiada (IST):** IST se caracteriza por una frecuencia cardíaca en reposo anormalmente rápida. Como resultado, los pacientes pueden experimentar palpitaciones, fatiga y mareos.

- **Gangliopatía autonómica autoinmune (AAG):**La AAG es una enfermedad autoinmune en la que el sistema inmunológico ataca los ganglios autónomos, lo que provoca una disfunción autonómica generalizada.

- **Fallo barorreflejo:** Esta condición implica la falla del barorreflejo, que ayuda a regular la presión arterial. Los pacientes pueden experimentar fluctuaciones graves de la presión arterial.

- **Neuropatía autonómica diabética:** Esta forma de disautonomía, una complicación de la diabetes, afecta los nervios que controlan las funciones autónomas, lo que provoca diversos síntomas, como problemas gastrointestinales y cardiovasculares.

- **Síndrome de hipoventilación central congénita (CCHS):**CCHS es una afección rara presente desde el nacimiento en la que se altera el control automático de la respiración, especialmente durante el sueño.

Estos son ejemplos de los tipos de disautonomía. Cada tipo presenta su propio conjunto de síntomas y desafíos, lo que enfatiza la necesidad de atención personalizada y estrategias de manejo. A medida que continuamos explorando la disautonomía, es importante recordar que, si bien los síntomas pueden ser invisibles, el impacto en la vida de los pacientes es muy real.

Prevalencia y Demografía

La disautonomía, un trastorno que afecta el sistema nervioso autónomo, es más común de lo que muchos creen. Se estima que la disautonomía afecta a más de 70 millones de personas en todo el mundo, lo que la convierte en un problema de salud importante. Sin embargo, la prevalencia puede variar ampliamente según el tipo específico de disautonomía y la población que se estudia.

Por ejemplo, se cree que el síndrome de taquicardia postural ortostática (POTS), una de las formas más comunes de disautonomía, afecta al menos a 500.000 personas sólo en los Estados Unidos. Por otro lado, condiciones como la disautonomía familiar son mucho más raras, y grupos demográficos específicos, como los de ascendencia judía asquenazí, se ven afectados con mayor frecuencia.

La demografía de la disautonomía también revela que ciertas formas de la afección, como la hipotensión ortostática (OH), son más prevalentes en las personas mayores. Las estimaciones sugieren que alrededor del 20% de las personas mayores de 65 años pueden verse afectadas. Esto resalta la importancia de la concienciación y la detección de síntomas de disautonomía en poblaciones de mayor edad.

La disautonomía no discrimina por edad ni género; sin embargo, algunos estudios sugieren una mayor incidencia en mujeres, particularmente en el caso de POTS. Las razones de esta disparidad de género no se comprenden completamente, pero pueden estar relacionadas con diferencias hormonales o sesgos en la notificación.

El impacto de la disautonomía en la demografía también se observa en su asociación con otras condiciones. Por ejemplo, la disautonomía puede ocurrir como una condición secundaria en pacientes con síndrome de Guillain-Barré, donde hasta el 38% de los pacientes pueden experimentar síntomas de disfunción autonómica. Esta asociación subraya la complejidad de la disautonomía y la necesidad de una atención integral que aborde la afección primaria y sus posibles efectos secundarios.

Comprender la prevalencia y la demografía de la disautonomía es crucial para los proveedores de atención médica, los pacientes y los cuidadores. Informa sobre mejores prácticas de detección, ayuda a desarrollar tratamientos específicos y fomenta una comprensión más profunda del impacto de la afección en diversas poblaciones. A medida que continuamos explorando la disautonomía, este conocimiento es una base para construir estrategias de manejo efectivas y mejorar la calidad de vida de los afectados.

Capitulo 2

SÍNTOMAS DE DISAUTONOMÍA

Síntomas Comunes

La disautonomía, un trastorno del sistema nervioso autónomo, se manifiesta a través de un espectro de síntomas que pueden afectar prácticamente cualquier parte del cuerpo. Estos síntomas a menudo varían en gravedad y pueden desencadenarse por actividades aparentemente benignas como levantarse o comer. Aquí, discutiremos los síntomas comunes que pueden experimentar las personas con disautonomía.

- **Intolerancia ortostática:** La intolerancia ortostática es un sello distintivo de la disautonomía, que incluye mareos, aturdimiento o desmayos al ponerse de pie. Ocurre debido a un mal funcionamiento en la capacidad del cuerpo para regular la presión arterial y la frecuencia cardíaca en respuesta a cambios de postura.

- **Trastornos gastrointestinales:** Muchas personas con disautonomía informan problemas gastrointestinales como náuseas, pérdida de apetito, hinchazón, diarrea, estreñimiento y dificultad para tragar. Estos síntomas surgen de la capacidad deteriorada del SNA para gestionar los procesos digestivos.

- **Irregularidades cardiovasculares:** La disautonomía afecta significativamente al corazón y provoca síntomas como frecuencia cardíaca rápida (taquicardia), frecuencia cardíaca lenta (bradicardia), palpitaciones y dolor en el pecho. Estos síntomas pueden ser particularmente angustiantes y, a menudo, incitan a las personas a buscar atención médica.

- **Desregulación de la temperatura:** Las personas pueden experimentar fluctuaciones en la temperatura corporal, sudoración excesiva o incapacidad para sudar. Estos síntomas reflejan el papel del SNA en la termorregulación y su disfunción en la disautonomía.

- **Problemas urinarios:** La disautonomía puede afectar la función de la vejiga y provocar incontinencia urinaria o dificultad para vaciar la vejiga. Para algunos, este puede ser uno de los síntomas más limitantes socialmente.

- **Disfunción sexual:** Tanto los hombres como las mujeres con disautonomía pueden experimentar disfunción sexual, que puede incluir dificultades para la excitación, el mantenimiento de las erecciones o la eyaculación. Estos problemas surgen del control de la ANS sobre las respuestas sexuales.

- **Trastornos del sueño:** La dificultad para conciliar el sueño, permanecer dormido o sentirse descansado después de dormir son quejas comunes entre las personas con disautonomía. Los trastornos del sueño pueden exacerbar otros síntomas y afectar la calidad de vida general.

- **Deterioro cognitivo:** A menudo denominado "niebla mental", el deterioro cognitivo en la disautonomía puede incluir olvidos, dificultad para concentrarse y dificultad para concentrarse. Este síntoma puede afectar aspectos personales, educativos y profesionales de la vida.

- **Intolerancia al ejercicio:** Muchas personas informan intolerancia al ejercicio, que puede manifestarse como fatiga extrema, empeoramiento de los síntomas o incapacidad para realizar actividades físicas que antes eran rutinarias.

- **Problemas de la vista:** Puede ocurrir visión borrosa o dificultad para enfocar debido a la función del SNA en el control de los músculos que enfocan los ojos y regulan el tamaño de la pupila.

Estos síntomas pueden ser intermitentes o constantes, y su imprevisibilidad puede ser una fuente de estrés importante para los afectados. Es importante tener en cuenta que no todas las personas con disautonomía experimentarán todos los síntomas y la gravedad puede variar ampliamente de persona a persona.

Variaciones de Síntomas por Tipo

Cada tipo de disautonomía presenta un conjunto único de síntomas, que reflejan las diversas formas en que el sistema nervioso autónomo (SNA) puede funcionar mal. Comprender estas variaciones es clave para adaptar las estrategias de manejo a cada condición. Exploremos cómo los síntomas pueden diferir entre los distintos tipos de disautonomía.

- **Síndrome de taquicardia postural ortostática (POTS):** POTS es conocido principalmente por causar intolerancia ortostática o una disminución del flujo sanguíneo al corazón al ponerse de pie. Esto provoca un aumento de la frecuencia cardíaca y síntomas como aturdimiento o desmayos.
- **Hipotensión ortostática (OH):** La OH implica presión arterial baja al ponerse de pie, lo que a menudo provoca mareos o desmayos.

Varios factores, incluida la deshidratación o enfermedades crónicas como la diabetes, pueden causarlo.

- **Síncope vasovagal (VVS):**El VVS provoca desmayos en respuesta a ciertos estímulos, como el estrés o la visión de sangre. Los síntomas incluyen caídas repentinas de la presión arterial, náuseas, aturdimiento y visión de túnel.

- **Disautonomía Familiar (DF):** La DF es un trastorno genético que causa síntomas como dificultades para respirar, problemas para tragar y mala regulación de la presión arterial y la temperatura corporal.

- **Atrofia multisistémica (MSA):** La MSA provoca síntomas similares a los de la enfermedad de Parkinson, junto con disfunción autonómica, como incontinencia urinaria y problemas de presión arterial.

- **Taquicardia sinusal inapropiada (IST):** La IST se caracteriza por una frecuencia cardíaca en reposo anormalmente rápida, que provoca palpitaciones, fatiga y mareos.

- **Gangliopatía autonómica autoinmune (AAG):** AAG implica que el sistema inmunológico ataca los ganglios autónomos, lo que lleva a una disfunción autonómica generalizada.

- **Fallo barorreflejo:** Esta afección provoca graves fluctuaciones de la presión arterial debido a una falla en el barorreflejo, un sistema que ayuda a regular la presión arterial.

- **Neuropatía autonómica diabética:** Como complicación de la diabetes, esto afecta los nervios que controlan las funciones autónomas, lo que provoca problemas gastrointestinales y cardiovasculares.

- **Síndrome de hipoventilación central congénita (CCHS):** CCHS afecta el control automático de la respiración, especialmente durante el sueño, y está presente desde el nacimiento.

Al reconocer las variaciones de los síntomas asociados con cada tipo de disautonomía, los profesionales de la salud pueden diagnosticar y controlar mejor estas afecciones, ofreciendo a los pacientes un enfoque más personalizado de tratamiento y atención. Comprender estas diferencias también permite a los pacientes y cuidadores abogar por intervenciones y apoyo adecuados.

Estudios de Caso

Al explorar el mundo multifacético de la disautonomía, los estudios de casos ofrecen información invaluable sobre las experiencias vividas por quienes padecen esta afección. Proporcionan una ventana a los desafíos diarios, el recorrido del diagnóstico y las estrategias de gestión que pueden marcar la diferencia. Aquí presentamos una selección de estudios de caso que destacan las diversas manifestaciones de la disautonomía y la resiliencia de quienes atraviesan sus complejidades.

- *Estudio de caso 1:* **Disautonomía post-COVID-19.** Un corredor de maratón de 27 años experimentó una infección leve por COVID-19. Cinco semanas después, comenzó a desarrollar debilidad, fatiga severa post-esfuerzo, cognición lenta, dolores de cabeza, visión borrosa y dolores corporales generalizados. También informó palpitaciones, especialmente al levantarse desde una posición sentada o acostada. A pesar de un análisis de laboratorio normal, sus síntomas persistieron, lo que afectó significativamente su vida diaria. Con el tiempo, con una mayor ingesta de líquidos y sodio, medias de compresión y un programa de ejercicio gradual, sus síntomas han mejorado lentamente.

- *Estudio de caso 2:* **Disautonomía en la diabetes tipo I.** Un paciente con diabetes tipo I mal controlada desarrolló disautonomía grave tras una infección por COVID-19. El individuo exhibió síntomas compatibles tanto con el síndrome de taquicardia ortostática postural (POTS) como con la hipotensión ortostática, lo que complicó su condición preexistente y requirió un enfoque matizado para el tratamiento.

- *Estudio de caso 3:* **Disfunción autónoma por exposición a moho tóxico.** Una mujer adulta presentó disfunción autonómica después de la exposición a moho tóxico. Sus principales quejas incluyeron fatiga extrema, taquicardia, presíncope, mareos, ansiedad y debilidad en las piernas. Este caso subraya la posibilidad de que los factores ambientales desencadenen o exacerben los síntomas de disautonomía.

Estos estudios de caso dan testimonio de la complejidad de la disautonomía y la importancia de la atención personalizada. Nos recuerdan que detrás de cada caso hay un individuo con esperanzas, miedos y deseos de llevar una vida no definida por su condición.

Capítulo 3

CAUSAS Y FACTORES DE RIESGO

Causas Conocidas

La disautonomía abarca un grupo de afecciones médicas que resultan de un mal funcionamiento del sistema nervioso autónomo (SNA). El SNA controla las funciones involuntarias del cuerpo, como la frecuencia cardíaca, la presión arterial y la digestión. Cuando no funciona correctamente, puede provocar disautonomía. Las causas de la disautonomía son variadas y pueden ser complejas. Aquí, exploraremos algunas de las causas conocidas de esta afección.

- **Factores genéticos:** Ciertos tipos de disautonomía, como la disautonomía familiar (DF), son genéticos y pueden estar presentes desde el nacimiento. La DF afecta principalmente a personas de ascendencia judía asquenazí e implica síntomas como insensibilidad al dolor, temperatura corporal inestable y problemas digestivos, respiratorios y de visión.

- **Enfermedades Neurológicas Degenerativas:** La disautonomía también puede ocurrir como resultado de enfermedades neurológicas degenerativas como la atrofia sistémica múltiple (MSA) y la enfermedad de Parkinson, donde las partes del sistema nervioso que controlan el SNA se deterioran progresivamente.

- **Trastornos autoinmunes:** Condiciones como la gangliopatía autonómica autoinmune (AAG) implican que el sistema inmunológico ataque por error partes del SNA, lo que lleva a una disfunción autonómica generalizada.

- **Diabetes:** La diabetes a largo plazo puede provocar neuropatía autonómica diabética, donde los niveles altos de azúcar en sangre causan daño a los nervios que controlan las funciones autónomas.

- **Infecciones:** Algunas infecciones virales pueden desencadenar disautonomía al dañar el SNA. Por ejemplo, ha habido casos de disautonomía posviral tras infecciones como la COVID-191.

- **Exposición tóxica:** La exposición a ciertas toxinas, incluido el alcohol y las drogas, puede dañar el SNA y provocar síntomas de disautonomía.

- **Trauma:** Los traumatismos físicos, especialmente en la cabeza o la columna, pueden alterar el funcionamiento del SNA y provocar disautonomía.

- **Otras condiciones de salud:** La acumulación anormal de proteínas en tejidos y órganos, como se observa en la amiloidosis, puede causar disautonomía al afectar el SNA.

Comprender las causas de la disautonomía es crucial para su diagnóstico y tratamiento. Ayuda a los proveedores de atención médica a identificar posibles factores de riesgo y desarrollar planes de tratamiento adaptados a las necesidades específicas del individuo. A medida que continúe la investigación, nuestro conocimiento sobre estas causas se ampliará, ofreciendo esperanza para intervenciones más efectivas y una mejor calidad de vida para quienes padecen disautonomía.

Factores Genéticos

Los factores genéticos desempeñan un papel fundamental en las causas y factores de riesgo de la disautonomía, particularmente en determinadas condiciones. La genética puede determinar la susceptibilidad de un individuo a desarrollar disautonomía; Comprender estos factores es crucial para el diagnóstico y el tratamiento.

- **Disautonomía Familiar (DF):** Una de las formas genéticas de disautonomía mejor documentadas es la disautonomía familiar, también conocida como síndrome de Riley-Day o HSAN tipo III. Este raro trastorno genético se encuentra predominantemente en personas de ascendencia judía asquenazí. Es causada por mutaciones en el gen ELP1, que proporciona instrucciones para producir una proteína esencial para el desarrollo y la supervivencia de las células nerviosas, particularmente las de los sistemas autónomo y sensorial. Las personas con DF suelen presentar síntomas desde la infancia, que incluyen tono muscular deficiente, dificultades para alimentarse y falta de lágrimas. A medida que envejecen, pueden experimentar síntomas más graves, como desequilibrio deficiente, episodios de presión arterial alta y insuficiencia renal.

- **Neuropatías sensoriales y autonómicas hereditarias (HSAN):** Además de la DF, se pueden heredar varios otros tipos de neuropatías sensoriales y autonómicas hereditarias (HSAN). Estas condiciones están relacionadas con mutaciones genéticas específicas y pueden provocar diversos síntomas de disfunción autonómica.

- **Predisposición genética:**Aunque es posible que la disautonomía no siempre se clasifique como un trastorno genético, una predisposición genética aún puede ser un factor. Por ejemplo, las personas con antecedentes familiares de enfermedades autoinmunes u otras formas de disautonomía pueden tener un mayor riesgo de desarrollar afecciones como la gangliopatía autonómica autoinmune (AAG).

- **Investigación y pruebas genéticas:** Las investigaciones en curso continúan descubriendo los fundamentos genéticos de la disautonomía. Las pruebas genéticas pueden ser una herramienta valiosa para diagnosticar formas hereditarias de disautonomía, guiar las decisiones de tratamiento y proporcionar información para la planificación familiar.

Comprender los factores genéticos implicados en la disautonomía no sólo ayuda en el enfoque clínico de la enfermedad sino que también ayuda a los pacientes y sus familias a comprender los aspectos hereditarios de su diagnóstico. Este conocimiento les permite tomar decisiones informadas sobre su salud y controlar su afección.

Desencadenantes Ambientales

Los desencadenantes ambientales son una parte importante de la intrincada red de factores que contribuyen a la disautonomía. Estos desencadenantes pueden exacerbar los síntomas o, en algunos casos, incluso estar implicados en la aparición de disautonomía. Comprender estos desencadenantes es esencial para controlar la afección y mejorar los resultados de los pacientes.

- **Estrés:** El estrés es un desencadenante bien conocido que puede provocar o empeorar los síntomas de la disautonomía. La respuesta del cuerpo al estrés involucra al sistema nervioso autónomo. En personas con disautonomía, esta respuesta puede ser exagerada o inapropiada.

- **Consumo de alcohol:** El alcohol puede afectar el sistema nervioso autónomo al alterar la presión arterial y la frecuencia cardíaca, lo que potencialmente desencadena síntomas en personas con disautonomía.

- **Deshidración:** Una hidratación adecuada es crucial para el funcionamiento del SNA. La deshidratación puede provocar presión arterial baja y taquicardia, problemas comunes en la disautonomía.

- **Ambientes cálidos:** El calor puede provocar vasodilatación y provocar una caída de la presión arterial, lo que puede resultar especialmente difícil para las personas con disautonomía, ya que sus cuerpos pueden tener dificultades para compensar estos cambios.

- **Ropa ajustada:** El uso de ropa ajustada, especialmente alrededor de la cintura, puede interferir con el flujo sanguíneo y potencialmente desencadenar síntomas en algunas personas con disautonomía.

- **Uso de drogas no médicas:** El uso de drogas, particularmente aquellas que deprimen el sistema nervioso, como las benzodiacepinas u opioides, puede alterar el funcionamiento normal del SNA y exacerbar los síntomas de disautonomía.

Reconocer y evitar estos desencadenantes ambientales puede ser clave para controlar la disautonomía. Los pacientes pueden beneficiarse de modificaciones en el estilo de vida que minimicen la exposición a estos desencadenantes, reduciendo la frecuencia y gravedad de sus síntomas. Las personas con disautonomía deben ser conscientes de sus desencadenantes únicos y trabajar con los proveedores de atención médica para desarrollar estrategias personalizadas para controlar su afección.

Capítulo 4

DIAGNÓSTICO DE DISAUTONOMÍA

Criterios de Diagnóstico

El diagnóstico de disautonomía es un proceso multifacético que depende de una combinación de evaluación clínica, historial del paciente y pruebas especializadas. Debido a la naturaleza diversa de la disautonomía, los criterios de diagnóstico pueden variar significativamente entre las diferentes formas de la afección. Sin embargo, existen algunos puntos en común en el enfoque diagnóstico.

- **Evaluación clinica.** La piedra angular del diagnóstico de disautonomía es una evaluación clínica exhaustiva. Esto implica una revisión detallada del historial médico, incluido el inicio, la duración y el patrón de los síntomas. Un examen físico evaluará las funciones cardiovasculares, neurológicas y autónomas.

- **Vitales ortostáticos.** Es fundamental medir la presión arterial y la frecuencia cardíaca en diferentes posiciones (decúbito supino, sentado, de pie). Los cambios en estos signos vitales pueden indicar intolerancia ortostática, una característica clave de muchas condiciones disautonómicas.

- **Electrocardiograma (ECG).** A menudo se realiza un ECG de 12 derivaciones en reposo para descartar anomalías de la conducción cardíaca que podrían contribuir a síntomas como taquicardia o bradicardia.

- **Prueba de mesa inclinada.** La prueba de mesa inclinada con la cabeza hacia arriba (HUTT) es una herramienta de diagnóstico que se utiliza para evaluar cómo responden la frecuencia cardíaca y la presión arterial a los cambios de posición. Es particularmente útil para diagnosticar el síndrome de taquicardia ortostática postural (POTS) y la hipotensión ortostática (OH).

- **Pruebas de Función Autonómica.** Estas pruebas evalúan el funcionamiento del ANS monitoreando las respuestas a diversos estímulos, como la respiración profunda, la maniobra de Valsalva y los cambios de temperatura.

- **Exclusión de Otras Condiciones.** Es fundamental descartar otras afecciones que puedan provocar síntomas similares, como enfermedades cardíacas, deshidratación, trastornos endocrinos y afecciones neurológicas.

- **Criterios de diagnóstico para formas específicas.** Por ejemplo, el POTS se diagnostica basándose en un aumento sostenido de la frecuencia cardíaca de al menos 30 latidos por minuto dentro de los 10 minutos de estar de pie, sin una caída significativa de la presión arterial y la presencia de síntomas durante al menos 3 meses. La OH se define como una caída de la presión arterial con un cambio de posición sin un aumento compensatorio de la frecuencia cardíaca.

El recorrido diagnóstico de la disautonomía puede ser complejo y requiere un enfoque multidisciplinario. Al cumplir con estos criterios y utilizar una variedad de herramientas de diagnóstico, los proveedores de atención médica pueden llegar a un diagnóstico preciso y adaptar planes de tratamiento para controlar la afección de manera efectiva.

Pruebas y Procedimientos

El diagnóstico de disautonomía es un paso fundamental para controlar la afección de forma eficaz. Se trata de una serie de pruebas y procedimientos diseñados para evaluar el funcionamiento del sistema nervioso autónomo e identificar posibles disfunciones. A continuación se detallan las pruebas y procedimientos clave utilizados en el diagnóstico de disautonomía:

- **Medición ortostática de la presión arterial.** Esta sencilla prueba mide la presión arterial y el pulso en diferentes posiciones (acostado, sentado y de pie) para evaluar la respuesta cardiovascular del cuerpo a los cambios de postura.

- **Electrocardiograma (ECG).** Un ECG registra la actividad eléctrica del corazón y puede ayudar a detectar irregularidades relacionadas con la disautonomía.

- **Prueba de mesa inclinada.** Durante esta prueba, se asegura al paciente sobre una mesa que lo inclina desde acostado hasta parado para monitorear cómo responden su presión arterial y frecuencia cardíaca al estrés de la gravedad.

- **Pruebas de Función Autonómica.** Estas incluyen una variedad de pruebas, como la maniobra de Valsalva, las pruebas de respiración profunda y la prueba de presión en frío, que evalúan diferentes aspectos de la función autónoma.

- **Monitorización ambulatoria de la presión arterial.** Esta prueba implica usar un manguito de presión arterial durante 24 horas para controlar los cambios de presión arterial durante el día y la noche de forma continua.

- **Prueba de vaciado gástrico.** Para los pacientes que experimentan síntomas gastrointestinales, esta prueba mide la rapidez con la que los alimentos pasan por el estómago.

- **Pruebas de sudor.** Estas pruebas evalúan la función de las glándulas sudoríparas, que están controladas por el sistema nervioso autónomo.

- **Espirometría.** La espirometría mide la función pulmonar y puede ayudar a evaluar el impacto de la disautonomía en el control respiratorio.

- **Análisis de sangre.** Los análisis de sangre pueden ayudar a descartar otras afecciones que causan síntomas similares a la disautonomía.

- **Análisis de orina.** Esta prueba puede detectar anomalías en el metabolismo del cuerpo relacionadas con la disautonomía.

- **Ultrasonido.** Las imágenes por ultrasonido se pueden utilizar para examinar la estructura y función de los órganos internos, incluidos los afectados por disfunción autonómica.

Estas pruebas y procedimientos a menudo se combinan para proporcionar una evaluación integral del sistema nervioso autónomo. Los resultados pueden ayudar a los proveedores de atención médica a desarrollar un plan de tratamiento eficaz adaptado a las necesidades y síntomas específicos del individuo. Los pacientes deben seguir las instrucciones específicas proporcionadas por sus proveedores de atención médica antes de someterse a estas pruebas para garantizar resultados precisos.

Interpretación de Resultados

La interpretación de los resultados del diagnóstico en la disautonomía es un proceso matizado que requiere una comprensión integral del sistema nervioso autónomo y sus trastornos. Dada la variabilidad de los síntomas y su superposición con otras afecciones, los proveedores de atención médica deben analizar cuidadosamente los resultados de las pruebas para llegar a un diagnóstico preciso.

- **Mediciones ortostáticas.** Los cambios en la frecuencia cardíaca y la presión arterial al estar de pie son indicadores clave de disautonomía. Por ejemplo, un aumento de la frecuencia cardíaca de más de 30 latidos por minuto o una caída de la presión arterial de más de 20/10 mmHg sugiere intolerancia ortostática.

- **Prueba de mesa inclinada.** Una prueba de mesa basculante positiva, que podría mostrar un aumento dramático en la frecuencia cardíaca o una caída significativa en la presión arterial al inclinarse, puede confirmar condiciones como POTS o hipotensión ortostática.

- **Pruebas de Función Autonómica.** Estas pruebas miden la respuesta del cuerpo a diversos estímulos. Los resultados anormales pueden indicar disautonomía, pero deben interpretarse en el contexto de los síntomas y el historial médico del paciente.

- **Análisis de sangre y orina.** Si bien estas pruebas no diagnostican la disautonomía directamente, los resultados anormales pueden indicar condiciones subyacentes que pueden contribuir a la disfunción autonómica.

- **Electrocardiograma (ECG).** Un ECG puede revelar arritmias cardíacas o problemas de conducción que pueden estar relacionados con la disautonomía o descartar otras causas cardíacas de los síntomas del paciente.
- **Pruebas adicionales.** Dependiendo de los síntomas, se pueden realizar pruebas adicionales, como estudios de vaciado gástrico o pruebas de sudor, para evaluar aspectos específicos de la función autónoma.

La interpretación de los resultados de estas pruebas requiere una correlación cuidadosa con la presentación clínica del paciente. Para una evaluación integral es esencial un enfoque multidisciplinario, que a menudo involucra a neurólogos, cardiólogos y otros especialistas.

El objetivo es reconstruir el complejo rompecabezas de la disautonomía, garantizando que los pacientes reciban un diagnóstico preciso y un plan de tratamiento adecuado adaptado a sus necesidades.

Capítulo 5

VIVIR CON DISAUTONOMÍA

Vida Diaria y Adaptaciones

Vivir con disautonomía significa navegar en un mundo que no está diseñado para la imprevisibilidad de los síntomas. Se trata de encontrar el equilibrio en un cuerpo que ha perdido el equilibrio. Para quienes padecen disautonomía, la vida diaria implica una serie de adaptaciones que ayudan a controlar los síntomas y mantener la mayor normalidad posible.

- **Creando un ambiente de apoyo.** Un entorno de apoyo es crucial. Esto puede implicar ajustes en el hogar, como instalar barras de apoyo en el baño para evitar caídas durante los mareos o usar sillas ortostáticas que ayuden a la transición de estar sentado a estar de pie.

- **Manejo de la dieta y la hidratación.** La dieta y la hidratación son importantes en el manejo de los síntomas. Las comidas pequeñas y frecuentes pueden ayudar a prevenir problemas gastrointestinales. Además, una mayor ingesta de sal y una hidratación adecuada pueden mejorar el volumen sanguíneo y reducir la intolerancia ortostática.

- **Estimulación y gestión de la energía.** Aprender a controlar el ritmo es esencial. Esto significa reconocer los límites del cuerpo y planificar actividades para evitar el sobreesfuerzo. También implica descansar antes de que aparezca la fatiga y utilizar técnicas de ahorro de energía a lo largo del día.

- **Adaptaciones al ejercicio.** Si bien el ejercicio puede ser un desafío, es importante para mantener la salud cardiovascular. Muchos encuentran que las actividades de bajo impacto como nadar o andar en bicicleta reclinada son más tolerables. Algunos también pueden beneficiarse de una fisioterapia adaptada a sus necesidades.

- **Manejo de Medicamentos.** Muchas personas con disautonomía dependen de medicamentos para controlar sus síntomas. Esto requiere una sincronización y un seguimiento cuidadosos para garantizar el alivio más eficaz con efectos secundarios mínimos.

- **Mecanismos de copiado.** Los mecanismos de afrontamiento como la atención plena, la meditación y los ejercicios de respiración profunda pueden ayudar a controlar el estrés que a menudo acompaña a las enfermedades crónicas. Estas prácticas también pueden ayudar en el control de los síntomas, particularmente para aquellos con síntomas de disautonomía relacionados con la ansiedad.

- **Ropa y accesorios adaptables.** Las prendas de compresión pueden ayudar a mejorar el flujo sanguíneo y reducir síntomas como el aturdimiento. De manera similar, el uso de capas puede ayudar a regular la temperatura corporal en personas con desregulación de la temperatura.

- **Navegando por las interacciones sociales.** Las interacciones sociales pueden ser desafiantes, especialmente cuando los síntomas son invisibles para los demás. La comunicación abierta con amigos, familiares y colegas sobre la propia condición y limitaciones puede fomentar la comprensión y el apoyo.

- **Utilizar dispositivos de asistencia.** Para algunos, los dispositivos de asistencia como sillas de ruedas o scooters de movilidad se vuelven necesarios para distancias más largas o en días en que los síntomas son particularmente graves.

- **Educar a otros.** Educar a otros sobre la disautonomía es un proceso continuo. Implica defenderse a uno mismo en entornos médicos, lugares de trabajo y círculos sociales para garantizar que se realicen adaptaciones cuando sea necesario.

Vivir con disautonomía requiere resiliencia y adaptabilidad. Es un viaje de autodescubrimiento, de aprender a escuchar el propio cuerpo y de hacer los ajustes necesarios para llevar una vida plena a pesar de los desafíos. A través de estas adaptaciones, las personas con disautonomía pueden encontrar formas de prosperar y perseguir sus objetivos, paso a paso.

Navegando la Vida Social y Profesional

Vivir con disautonomía implica no sólo controlar una gran cantidad de síntomas sino también afrontar las complejidades de la vida social y profesional. Este puede ser uno de los aspectos más desafiantes de la afección para muchos, ya que requiere adaptación y comunicación constantes.

- **Vida social.** Las interacciones sociales a menudo requieren energía y resistencia, que pueden ser escasas para las personas con disautonomía. Es importante establecer límites y ser honesto con amigos y familiares acerca de lo que puede y no puede hacer. Planificar reuniones sociales descansando previamente y asegurando un lugar para sentarse o tumbarse puede hacer que estos eventos sean más llevaderos.

- **Vida profesional.** Los desafíos en el lugar de trabajo son comunes para las personas con disautonomía. Síntomas como confusión mental, fatiga e intolerancia ortostática pueden afectar el rendimiento y la asistencia. Es fundamental comprender sus derechos y las adaptaciones disponibles, como horarios de trabajo flexibles, opciones de teletrabajo y equipos de oficina ergonómicos. La comunicación abierta con los empleadores sobre su condición y necesidades puede generar un ambiente de trabajo más solidario.

- **Promoción y Educación.** Educar a quienes lo rodean sobre la disautonomía es un proceso continuo. Defenderse a sí mismo y a otras personas con esta afección puede ayudar a fomentar la comprensión y crear un entorno más inclusivo tanto en el ámbito social como en el profesional.

- **Construyendo una red de apoyo.** Tener una sólida red de apoyo es invaluable.

Conectarse con otras personas con disautonomía a través de grupos de apoyo o comunidades en línea puede brindar comodidad y consejos prácticos para enfrentar los desafíos sociales y profesionales.

- **Cuidados personales.** Priorizar el autocuidado es fundamental. Esto incluye controlar el estrés, mantener una dieta saludable, mantenerse hidratado y descansar lo suficiente. Las prácticas de autocuidado pueden mejorar los síntomas y proporcionar la energía para participar en actividades sociales y profesionales.

Navegar por la vida social y profesional con disautonomía es un equilibrio delicado. Requiere comprender sus límites, comunicar sus necesidades y abogar por adaptaciones que le ayuden a mantener una vida activa y plena a pesar de los desafíos de las condiciones.

Historias Personales

El viaje a través de la disautonomía es profundamente personal y único para cada individuo. Las historias personales ofrecen una ventana a quienes enfrentan esta condición a diario, brindándoles conocimiento, empatía y comprensión. Aquí hay algunas narrativas que capturan la esencia de vivir con disautonomía:

- **La experiencia de Susan:** "Se siente como una montaña rusa de la que nunca podrás escapar. Ser juzgado por el mundo por parecer normal cuando por dentro no lo eres". Las palabras de Susan resuenan en muchas personas que viven con enfermedades invisibles. La apariencia externa de normalidad contradice la lucha interna con síntomas que fluctúan de manera impredecible.

- **La lucha de Beth:** Beth comparte: "No es '¡No tienes que trabajar!', sino más bien, 'Ya no puedo sentirme productiva'". Este sentimiento resalta la frustración y la pérdida de identidad que pueden surgir con la incapacidad de participar. en trabajos o actividades que alguna vez trajeron satisfacción.

- **La analogía de Ariel:** "Vivir con disautonomía es como correr a toda velocidad en una cinta de correr mientras estás parado con pesas de plomo atadas a los tobillos". Ariel captura el cansancio y el esfuerzo necesarios para mantener la estabilidad frente a los desafíos de la disautonomía.

- **La batalla de Arianna:** "Se siente como si estuvieras atrapado en un cuerpo desconocido que siempre está haciendo un berrinche. No puedes controlar lo que hace tu cuerpo. Intentas domesticarlo, pero algunos días estás demasiado cansado para luchar y rendirte. Otros días, estás decidido a demostrarle quién manda". La descripción de Arianna ilustra la batalla diaria por el control y los distintos grados de éxito en el manejo de los síntomas.

- **El miedo de Alexandra:** "Estar de pie es una posibilidad 50/50 de si todo se volverá negro" durante unos segundos. ¡Cada vez, lo juro, cada vez que tengo un momento de miedo, mi visión nunca volverá! Alexandra expresa el miedo y la incertidumbre que pueden acompañar a acciones simples como ponerse de pie, lo que, para muchas personas con disautonomía, puede provocar un presíncope o un síncope.

Estas historias, y muchas otras, subrayan la diversidad de experiencias dentro de la comunidad de disautonomía. Nos recuerdan que detrás de cada diagnóstico hay una persona con esperanzas, miedos y coraje para afrontar cada día. Al compartir estas narrativas, fomentamos una mayor comprensión de la disautonomía y la fuerza que se necesita para vivir con ella.

Capítulo 6

MANEJO Y TRATAMIENTO

Tratamientos Actuales

El tratamiento de la disautonomía es altamente individualizado y se centra en aliviar los síntomas y mejorar la calidad de vida. Si bien no existe cura para la disautonomía, una combinación de ajustes en el estilo de vida, medicamentos y terapias de apoyo pueden ayudar a controlar la afección.

- **Medicamentos.** A menudo se recetan medicamentos para tratar síntomas específicos de la disautonomía:
  - La fludrocortisona se usa para aumentar el volumen sanguíneo, lo que

puede ayudar con la presión arterial baja.

- ○ Se pueden recetar betabloqueantes para regular la frecuencia cardíaca y reducir las palpitaciones.
- ○ Midodrine actúa para contraer los vasos sanguíneos, ayudando a mantener una presión arterial adecuada. Es importante tener en cuenta que algunos medicamentos, como ciertos antidepresivos, diuréticos y anfetaminas, pueden exacerbar los síntomas y deben evitarse.

- **Modificaciones del estilo de vida.** Los cambios en la dieta, como aumentar el consumo de sal, pueden ayudar a elevar los niveles de presión arterial y evitar caídas significativas al estar de pie. Una hidratación adecuada también es crucial, ya que favorece el volumen y la presión sanguínea. Se puede recomendar a los pacientes que duerman con la cabeza elevada para reducir la hipertensión nocturna y la intolerancia ortostática matutina.

- **Fisioterapia y ejercicio.** Un programa de ejercicio cuidadosamente diseñado puede mejorar la aptitud cardiovascular y reducir los síntomas. La fisioterapia también puede ser beneficiosa, especialmente para personas con problemas de equilibrio o debilidad muscular.

- **Evitar los desencadenantes.** Identificar y evitar los desencadenantes de los mareos y otros síntomas es una parte integral del manejo de la disautonomía. Esto incluye evitar cambios rápidos de postura, permanecer de pie durante mucho tiempo y temperaturas extremas.

- **Dispositivos de apoyo.** Para algunas personas, el uso de prendas de compresión puede ayudar a mejorar la circulación y reducir síntomas como el aturdimiento.

- **Educación del paciente.** Educar a los pacientes sobre su afección y cómo controlar los síntomas es un componente clave del tratamiento. Comprender la disautonomía permite a los pacientes tomar decisiones informadas sobre su atención y estilo de vida.

El enfoque de tratamiento para la disautonomía debe adaptarse a la forma específica de la afección del individuo, su causa y los síntomas experimentados. La colaboración entre pacientes y proveedores de atención médica es esencial para desarrollar un plan de manejo eficaz. Es posible que sean necesarios seguimientos regulares y ajustes al plan de tratamiento a medida que los síntomas cambian o hay nuevos tratamientos disponibles.

Modificaciones de Estilo de Vida

Vivir con disautonomía requiere no sólo intervención médica sino también importantes modificaciones en el estilo de vida para controlar los síntomas de forma eficaz. Estos cambios tienen como objetivo mejorar la función autónoma y mejorar la calidad de vida. Estas son algunas de las modificaciones de estilo de vida más recomendadas para personas con disautonomía:

- **Hidratación e Ingesta de Sal.** A menudo se recomienda aumentar la ingesta de líquidos y sal para aumentar el volumen sanguíneo, lo que puede ser particularmente beneficioso para quienes tienen acumulación de sangre, hipovolemia o hipotensión. Para muchos, se recomienda una ingesta diaria de líquidos de aproximadamente dos litros y de tres a cinco gramos de sal.

- **Nutrición.** Comer varias comidas más pequeñas a lo largo del día en lugar de dos o tres comidas grandes puede ayudar a evitar que la sangre se acumule en el abdomen después de comer, lo que puede exacerbar los síntomas. Una dieta baja en carbohidratos simples y rica en proteínas magras también puede ayudar a estabilizar los síntomas.

- **Actividad física.** La actividad física regular es importante, pero debe adaptarse a los niveles de tolerancia del individuo. Los ejercicios reclinados, la natación y otras actividades de bajo impacto suelen ser más manejables. También se recomienda incorporar entrenamiento de fuerza para mejorar el tono muscular y la circulación.

- **Regulación de la temperatura.** Las personas con disautonomía suelen tener dificultades para regular la temperatura. Es importante evitar temperaturas extremas y vestirse en capas para adaptarse a las fluctuaciones de la temperatura corporal.

- **Dormir Higiene.** Mantener un horario de sueño regular y garantizar una calidad de sueño adecuada es esencial. Algunas personas pueden beneficiarse de dormir con la cabecera de la cama elevada para reducir la hipertensión nocturna.

- **Manejo del estrés.** La práctica de técnicas de manejo del estrés, como la atención plena, la meditación y los ejercicios de respiración profunda, puede ayudar a mitigar el impacto del estrés en la función autónoma.

- **Prendas de compresión.** El uso de medias de compresión o fajas abdominales puede ayudar a mejorar el flujo sanguíneo y reducir síntomas como aturdimiento y desmayos.

- **Evitar los desencadenantes.** Identificar y evitar los desencadenantes personales, como permanecer de pie durante períodos prolongados, deshidratación y ciertos alimentos o medicamentos, es fundamental para controlar la disautonomía.

- **Educación y Defensa.** Educarse sobre la disautonomía y abogar por las adaptaciones necesarias en diversos entornos puede empoderar a las personas para que tomen el control de su condición.

La implementación de estas modificaciones en el estilo de vida puede ser un proceso gradual y las personas deben trabajar en estrecha colaboración con sus proveedores de atención médica para determinar las mejores estrategias para sus necesidades específicas. Mediante prueba y error, los pacientes pueden encontrar la combinación de cambios que mejor les ayude a controlar sus síntomas y mantener una vida activa y plena.

Estrategias de Afrontamiento

Hacer frente a la disautonomía implica una combinación de tratamientos médicos, ajustes en el estilo de vida y mecanismos personales de afrontamiento para controlar los síntomas y mantener la calidad de vida. A continuación se presentan algunas estrategias que las personas con disautonomía han encontrado útiles:

- **Prendas de compresión.** El uso de medias o mangas de compresión puede ayudar a mejorar la circulación sanguínea y reducir síntomas como aturdimiento y desmayos.

- **Elevar la cabecera de la cama.** Levantar la cabecera de la cama puede disminuir la hipertensión nocturna y la intolerancia ortostática matutina, mejorar la calidad del sueño y reducir los síntomas matutinos.

- **Ejercicio regular bajo orientación médica.** Realizar ejercicio regular de bajo impacto, como nadar o andar en bicicleta reclinado, puede mejorar la salud cardiovascular y reducir los síntomas. Es importante consultar con un proveedor de atención médica para adaptar un programa de ejercicios a sus necesidades.

- **Dieta alta en sal.** Aumentar el consumo de sal puede ayudar a elevar los niveles de presión arterial, lo que beneficia a quienes padecen hipotensión. Esto debe hacerse bajo supervisión médica para garantizar que sea seguro para su salud.

- **Hidratación adecuada.** Beber mucha agua es esencial para mantener el volumen sanguíneo y prevenir la deshidratación, que puede exacerbar los síntomas de la disautonomía.

- **Carpetas abdominales.** El uso de fajas abdominales puede brindar apoyo adicional a los músculos abdominales y mejorar el flujo sanguíneo, lo que ayuda a controlar los síntomas de la intolerancia ortostática.

- **Comidas más pequeñas y frecuentes.** Hacer comidas más pequeñas y más frecuentes puede evitar que la sangre se acumule en el abdomen después de comer, lo que puede desencadenar síntomas.

- **Evitar el calor o el vapor.** Es importante mantenerse fresco, ya que el calor puede exacerbar los síntomas. Es recomendable evitar las duchas calientes, las saunas y la luz solar directa durante períodos prolongados.

- **Mindfulness y Manejo del Estrés.** Prácticas como la meditación, los ejercicios de respiración profunda y el yoga pueden ayudar a controlar el estrés físico y emocional que a menudo acompaña a las enfermedades crónicas.

- **Asesoramiento Nutricional.** Consultar con un nutricionista puede ayudar a abordar las preocupaciones dietéticas y garantizar que obtenga los nutrientes necesarios para respaldar la salud física.

- **Salidas creativas.** Participar en arte o musicoterapia puede proporcionar alivio emocional y una sensación de logro, lo cual es vital para el bienestar general.

- **Humor y risas.** Encontrar alegría en el humor y la risa puede ser un poderoso mecanismo de afrontamiento, que proporciona un escape temporal de los desafíos de vivir con disautonomía.

- **Apoyo social.** Mantener una sólida red de apoyo, que incluya amigos, familiares y grupos de apoyo, puede brindar apoyo emocional y consejos prácticos para manejar la vida diaria con disautonomía.

Estas estrategias de afrontamiento se pueden personalizar para adaptarse a los síntomas y al estilo de vida de cada individuo. Es importante trabajar en estrecha colaboración con los proveedores de atención médica para desarrollar un plan de manejo integral que incluya estos mecanismos de afrontamiento. Recuerde, lo que funciona para una persona puede no funcionar para otra, por lo que se trata de encontrar la combinación adecuada de estrategias que funcionen para usted.

Capítulo 7

EL FUTURO DE LA DISAUTONOMÍA

La Investigación en Curso

El futuro de la investigación sobre la disautonomía se muestra prometedor, con numerosos estudios en curso destinados a desentrañar las complejidades de esta afección y mejorar los resultados de los pacientes. Aquí, exploraremos las direcciones de investigación actuales y sus posibles implicaciones para las personas con disautonomía.

- **Investigación genética.** Los avances en la investigación genética están proporcionando nuevos conocimientos sobre enfermedades como la disautonomía familiar (DF). Los científicos están explorando estrategias terapéuticas para corregir el empalme de ELP1 en la DF, lo que podría conducir a importantes avances en el tratamiento.

- **Función Autonómica.** Los investigadores están examinando la relación entre la función autónoma y otros procesos fisiológicos. Por ejemplo, los estudios sobre la neurodegeneración, el microbioma intestinal y el deterioro metabólico están arrojando luz sobre cómo estos factores pueden influir en la disautonomía.

- **Ensayos clínicos.** En ensayos clínicos se están probando nuevos tratamientos, como los oligonucleótidos antisentido, que potencialmente pueden tratar la EF a nivel genético. Además, los ensayos buscan mejores formas de gestionar las crisis autonómicas en el hogar, lo que podría mejorar significativamente la calidad de vida de los pacientes.

- **Innovaciones tecnológicas.** El uso de telesalud y visitas virtuales es cada vez más frecuente, ofreciendo a los pacientes con disautonomía un mayor acceso a atención especializada. Este enfoque beneficia especialmente a quienes tienen dificultades para viajar debido a sus síntomas.

- **Investigación centrada en el paciente.** Hay un énfasis creciente en la investigación centrada en el paciente, incluidas encuestas y estudios centrados en la experiencia y la calidad de vida del paciente. Este tipo de investigación es crucial para desarrollar tratamientos que aborden los desafíos del mundo real que enfrentan las personas con disautonomía.

- **Barorreflejo y Cognición.** Algunos estudios están investigando el vínculo entre la función barorrefleja cardiovagal y los procesos cognitivos en afecciones como el síndrome de taquicardia postural ortostática (POTS), lo que podría conducir a terapias más específicas.

- **Ensayos de medicamentos.** Se están realizando ensayos de medicamentos como la droxidopa para el POTS y el síncope vasovagal, con el objetivo de encontrar intervenciones farmacológicas más eficaces para el tratamiento de los síntomas.

La investigación en curso sobre la disautonomía es diversa y multifacética, lo que refleja la complejidad de la enfermedad en sí. A medida que se profundiza nuestra comprensión de la disautonomía, hay esperanzas de tratamientos más eficaces, mejores herramientas de diagnóstico y una mejor calidad de vida para los afectados. El compromiso de investigadores, médicos y pacientes para mejorar nuestro conocimiento sobre la disautonomía es un testimonio del progreso que se puede lograr mediante el esfuerzo y la colaboración dedicados.

Posibles Tratamientos Futuros

El panorama del tratamiento de la disautonomía está evolucionando y la investigación en curso allana el camino para terapias nuevas e innovadoras. A continuación se muestran algunos posibles tratamientos futuros que se están explorando actualmente:

- **Terapias genéticas.** Los investigadores están investigando técnicas de terapia génica que podrían corregir mutaciones genéticas en su origen para afecciones como la disautonomía familiar.

- **Agentes neuroprotectores.** Los estudios están investigando medicamentos que podrían proteger las células nerviosas del daño, lo que podría ralentizar la progresión de formas neurodegenerativas de disautonomía.

- **Inmunoterapias.** En los casos en que la disautonomía está relacionada con respuestas autoinmunes, las inmunoterapias que modulan el sistema inmunológico pueden ofrecer nuevas vías de tratamiento.

- **Investigación con células madre.** La terapia con células madre es un área de investigación prometedora que algún día podría usarse para reparar o reemplazar células nerviosas dañadas en condiciones disautonómicas.

- **Suplementos dietéticos.** Si bien no es una cura, se están estudiando suplementos como el ácido alfa lipoico por su potencial para mejorar el funcionamiento de los nervios autónomos.

- **Técnicas Mente-Cuerpo.** Se están explorando técnicas basadas en la mente como la meditación y la atención plena por su capacidad para promover la relajación y gestionar la respuesta del cuerpo al estrés, lo que puede ser beneficioso para los pacientes con disautonomía.

- **Avances tecnológicos.** La tecnología portátil y otros dispositivos que monitorean los signos vitales y brindan retroalimentación en tiempo real pueden ayudar a los pacientes a controlar mejor sus síntomas.

A medida que continúa la investigación, estos posibles tratamientos ofrecen esperanzas de mejorar el manejo de la disautonomía. Si bien algunos de estos tratamientos aún se encuentran en la fase experimental, representan la vanguardia de lo que podría convertirse en la atención estándar en el futuro. Tanto los pacientes como los proveedores de atención médica esperan con ansias el día en que estos tratamientos pasen del ámbito de las posibilidades a la práctica clínica cotidiana.

Recursos y Soporte

Mientras miramos hacia el futuro de la disautonomía, los recursos y los sistemas de apoyo son cruciales para empoderar a los pacientes y sus familias. A continuación se presentan algunos recursos valiosos que brindan información, asistencia y apoyo comunitario a las personas afectadas por la disautonomía:

- **El Proyecto Disautonomía.** Esta organización ofrece una gran cantidad de recursos, incluidos materiales educativos, una lista de afecciones coexistentes comunes y un directorio de proveedores médicos con experiencia en el tratamiento de la disautonomía.

- **Red de apoyo a la disautonomía.** La Red de apoyo para la disautonomía se dedica a ayudar a los pacientes a adquirir conocimientos y autonomía. Ofrecen recursos para pacientes recién diagnosticados, consejos para mejorar la calidad de vida y conexiones comunitarias.

- **Disautonomía Internacional.** Dysautonomia International proporciona información sobre recursos financieros, asistencia para copagos de recetas, asistencia para vivienda y nutrición, y becas para estudiantes con discapacidades.

- **Manuales y folletos.** La Red de apoyo a la disautonomía proporciona manuales sobre cómo prosperar con la tecnología de asistencia, cómo navegar la educación desde el jardín de infantes hasta el grado 12 hasta la universidad y cómo gestionar las adaptaciones en el lugar de trabajo y el empleo con disautonomía.

- **Comunidades en línea.** Existen numerosos grupos privados en Facebook donde las personas con disautonomía pueden compartir experiencias, buscar consejos y encontrar apoyo de otras personas que comprenden sus desafíos.

- **Otras organizaciones relevantes.** Organizaciones como la Sociedad Ehlers-Danlos y la Sociedad de Enfermedades de Mastocitos ofrecen recursos y apoyo para afecciones que a menudo coexisten con la disautonomía.

Estos recursos son sólo un punto de partida. A medida que avance la investigación y crezca la conciencia, el apoyo disponible para las personas con disautonomía seguirá ampliándose. Los pacientes y cuidadores deben mantenerse informados y conectados con la comunidad de disautonomía para obtener la información más reciente y las opciones de apoyo.

CONCLUSIÓN

En este libro, hemos examinado a fondo la disautonomía, una condición médica que afecta el sistema nervioso autónomo y presenta diferentes dificultades para quienes la padecen. Hemos analizado los distintos tipos de disautonomía, su prevalencia, datos demográficos y síntomas que van de leves a graves. También hemos explorado los criterios, pruebas y procedimientos de diagnóstico para identificar y comprender esta compleja afección.

En el manejo de la disautonomía, hemos destacado la importancia de los planes de tratamiento personalizados, que incluyen medicamentos, modificaciones del estilo de vida y estrategias de afrontamiento. Estos enfoques tienen como objetivo aliviar los síntomas y mejorar la calidad de vida de las personas que atraviesan esta afección. También analizamos las investigaciones en curso y los posibles tratamientos futuros que ofrecen esperanzas de avances en la comprensión y el manejo de la disautonomía.

El apoyo y los recursos son vitales para brindar educación, comunidad y defensa a los pacientes y cuidadores. Las historias personales compartidas en este libro sirven como poderosos testimonios de la resiliencia y el coraje de quienes viven con disautonomía.

Al concluir, es importante recordar que, si bien la disautonomía puede plantear desafíos importantes, se dedica un creciente conjunto de conocimientos y recursos a mejorar las vidas de los afectados. Con investigación, promoción y apoyo continuos, el futuro de las personas con disautonomía parece esperanzador.

El camino para gestionar la disautonomía es un desafío; sin embargo, la fuerza y determinación inquebrantables de la comunidad continúan inspirando avances hacia una mejor comprensión y manejo de esta afección.

Palabras de Aliento

Para todos aquellos que viven con disautonomía, su viaje es uno de inmenso coraje y resiliencia. Recuerde, no está solo en esto. Hay una comunidad y un mundo de recursos para apoyarte. Aférrese a la esperanza mientras la investigación descubre continuamente nuevas posibilidades de tratamiento y gestión.

Tu fuerza es una inspiración; Cada pequeño paso adelante es un testimonio de tu perseverancia. Siga defendiendo su salud, manténgase conectado y nunca pierda de vista los días más brillantes que se avecinan. Eres más fuerte de lo que crees; Tu historia es de triunfo y determinación. Mantente fuerte, mantén la esperanza y sigue avanzando, un día a la vez.

APÉNDICE

Glosario de Términos

En el contexto de la disautonomía y su tratamiento, aquí hay un glosario de términos que pueden resultar útiles para comprender la afección y el contenido que se analiza a lo largo de este libro:

Sistema Nervioso Autónomo (SNA): La parte del sistema nervioso que controla las funciones corporales involuntarias, como la frecuencia cardíaca, la presión arterial, la digestión y la regulación de la temperatura.

Disautonomía: Un grupo de afecciones que ocurren cuando el SNA no funciona correctamente, lo que provoca diversos síntomas y afecta múltiples sistemas del cuerpo.

Intolerancia ortostática: Una condición en la cual el cambio de estar acostado a estar de pie causa un aumento anormalmente grande en la frecuencia cardíaca, una caída en la presión arterial o ambas.

Síndrome de taquicardia postural ortostática (POTS): Una forma de disautonomía caracterizada por un aumento significativo de la frecuencia cardíaca al ponerse de pie.

Hipotensión ortostática (OH): Una forma de disautonomía en la que ponerse de pie provoca una disminución significativa de la presión arterial, lo que provoca síntomas como mareos o desmayos.

Síncope vasovagal (VVS): Una causa común de desmayo que ocurre cuando el cuerpo reacciona exageradamente a ciertos desencadenantes, como el estrés o el dolor.

Disautonomía Familiar (DF): Una forma genética rara de disautonomía que afecta principalmente a personas de ascendencia judía asquenazí.

Atrofia multisistémica (MSA): Un trastorno neurodegenerativo progresivo que afecta al SNA, entre otros sistemas.

Barorreflejo: Un mecanismo reflejo que ayuda a mantener la presión arterial estable ajustando la frecuencia cardíaca y la tensión de los vasos sanguíneos.

Prueba de mesa inclinada: Un procedimiento de diagnóstico utilizado para evaluar cómo responde el ANS a los cambios de posición y gravedad.

Vías eferentes: Nervios que transportan señales desde el sistema nervioso central al cuerpo, indicándole que actúe.

Vías aferentes: Nervios que transportan información sensorial desde el cuerpo al sistema nervioso central.

Síncope neurocardiógeno: Una forma común de desmayo que ocurre cuando la frecuencia cardíaca y la presión arterial caen repentinamente, lo que reduce el flujo sanguíneo al cerebro.

Otras lecturas

Para aquellos interesados en profundizar en el tema de la disautonomía, aquí hay algunos recursos recomendados para leer más:

- **Descripción general de la disautonomía de la Clínica Cleveland:** Este recurso integral cubre síntomas, tipos, tratamientos y mucho más sobre la disautonomía.

- **La ósmosis es disautonomía:** Ofrece información detallada sobre causas, signos, síntomas, diagnóstico y más, con un enfoque en la educación médica.

- **Página sobre disautonomía de la American Brain Foundation:**Comparte conocimientos sobre la afección, destacando historias personales y el impacto de la disautonomía en la vida de las personas.

Referencias

1. Goldstein, DS (2013). Disautonomía en la enfermedad de Parkinson. Fisiología integral, 3(2), 805-826.

2. Mathias, CJ y Bannister, R. (Eds.). (2013). Insuficiencia autónoma: un libro de texto sobre trastornos clínicos del sistema nervioso autónomo. Prensa de la Universidad de Oxford.

3. Goodman, BP (2018). Evaluación del síndrome de taquicardia postural (POTS). Neurociencia autónoma, 215, 12-19.

4. Shibao, C. y Biaggioni, I. (2010). Hipotensión ortostática y riesgo cardiovascular. Hipertensión, 56(6), 1042-1044.

5. Low, PA y Singer, W. (2008). Manejo de la hipotensión ortostática neurogénica: una actualización. The Lancet Neurology, 7(5), 451-458.

9 798884 831070